Die Deutsche Bibliothek - CIP Einheitsaufnahme
Menschen, Messen, Märkte / Peter Kenkel
Messerfolge in turbulenten Märkten
Cappeln: Verlag Peter Kenkel Medien
ISBN 978-3-944419-00-8

Cappeln, Januar 2013
Umschlaggestaltung: Katharina Kuper
Satz: Verlag Peter Kenkel Medien
Druck: Druck & Folie Kuper, Alfhausen
ISBN 978-3-944419-00-8

Inhaltsverzeichnis

Vorwort 7

Vor Ort

Marktatmosphäre 13
Konzentration 14
Gedächtnisleistung 16
Perlenkette 18
Menschenkenntnis 20
Präsenz 23
Supervision 25
Zwischenbilanz und Ausblick 28

Das Was und das Warum

Ziele 30
Einbettung 32
Prioritätenliste 34
Zwischenbilanz und Ausblick 36

Das Wie und das mit wem

Sympathiewert 38
Lieferanteneinbindung 40
Messestandskonzepte 42
Showbusiness 44
Team 46
Zwischenbilanz und Ausblick 48

Das Wann und das Wo

Drehscheibe 50
Timing 52
Verbrauchermessen (1) 54
Verbrauchermessen (2) 56
Zwischenbilanz und Ausblick 58
Tabulose Messebilanzen 59
Kräftehaushalt 62

Arbeitsbögen aus der Praxis für die Praxis

Standkonzeption 64
Gesprächstraining 66
Das Sekretariat in der Planungsphase 68
Das Sekretariat in der Nachbearbeitungsphase 70
Über den Autor 73

Vorwort

Kaum ein Bereich im Auftritt eines Unternehmens nach außen - meist im Kontext des Marketing, im Speziellen von Vertrieb und Verkauf sowie durch die Brille der PR gesehen-, führt ein solches Schattendasein wie das Instrument der Teilnahme an Messen, ob Fachmesse, Publikumsmesse oder Messeteilnahme.

Dies erscheint nicht verwunderlich, denn zum einen taucht die Aufgabe zur Messeplanung, Messeorganisation und Messedurchführung in aller Regel - bei der Teilnahme an Fachmessen - bei kleineren mittelständischen Unternehmen nur einmal oder zweimal im Jahr auf. Zum anderen erscheint gerade der Erfolg dieser mit anderen Marketinginstrumenten vergleichsweise kostenintensiven Maßnahme so schwer messbar.

Was nicht selten sogar dazu führt, die Entscheidung über eine Teilnahme an einer bestimmten Veranstaltung von den im entsprechenden Zeitraum zur Verfügung stehenden liquiden Mitteln abhängig zu machen.

Auch zeigen vertrauliche Gespräche, dass sich als Standbesatzung berufene Damen und Herren oftmals gleichsam „abgestellt“ fühlen und sie sich- anstatt sich auf diesen Event freuen zu können - nicht selten über diese als Stress empfundene Herausforderung beklagen.

In Zeiten internationalen Wettbewerbs ist es ein Muss, Messeteilnahmen aus diesem häufig zur Routine erstarrten Schattendasein zu holen und ihnen in ihrer Wertigkeit, in ihren exzellenten Möglichkeiten im Orchester der Marketinginstrumente den gebührenden Platz einzuräumen.

Dieser Ratgeber, ebenso als Navigationshilfe für Mitarbeiterinnen und Mitarbeiter gedacht, die sich mit dem Thema als Neulinge beschäftigen wollen, wie für „alte Hasen“, die vielleicht sogar jahrzehntelange Messeerfahrung mitbringen, diese aber zeitgemäß optimieren wollen, stellt manche klassische Herangehensweise bei der Planung von Messeteilnahmen auf den Kopf, ja, revolutioniert möglicherweise manche Aspekte durch verblüffende Logik und Einfachheit.

Aber jede (!) verantwortliche Kauffrau, jeder (!) verantwortliche Kaufmann denkt letztlich in Aufwand und Ertrag, in Investition und Gewinn.

So dass die Lektüre dieses Ratgebers sich als absolut lohnend erweist, wenn ein Taschenrechner zu Hilfe gezogen und eine einfache Rechnung aufgemacht wird (nachdem die Buchhaltung die präzisen Zahlen zur Verfügung stellte, aus denen die Kosten der letzten Messeteilnahme abzulesen sind):

Eingetippt wird die Gesamtsumme des finanziellen Aufwands der letzten Messeteilnahme (bis hin zu den Taxifahrten vom Hotel zum Messegelände und zurück, den Kosten für Abfallentsorgung, den Trinkgeldern etc.)

Dann wird diese Summe - z.B. im Falle einer viertägigen Fachmesse, die von 10 Uhr bis 18 Uhr geöffnet war - durch 32 geteilt (die Zahl der Stunden, an denen ihr Stand für Besucher erreichbar war)

Dann wird diese Zahl X durch die seriös geschätzte Anzahl von am Messestand geführten, soliden Fachgesprächen dividiert-voila, schon zeigt sich die Kennzahl in Euro, die die Wertigkeit jedes einzelnen auf einer Messe geführten Gesprächs spiegelt!

Bei einem Beispiel von nur € 20´000,- Gesamtmessekosten ergibt sich ein Stundensatz von € 625,- als Wertigkeit, bei pro Stunde geführten soliden 20 Gesprächen immerhin noch die stolze Zahl von € 31.25 pro Gespräch.

Aber, Hand aufs Herz, werden tatsächlich 20 intensive Gespräche pro Stunde an den Messeständen geführt?

Wie viele Damen und Herren müssen dazu am Stand sein?

Wer kümmert sich dabei um das Küchenabteil, das Aufräumen an den Tischen und fällt also für das eine oder andere Gespräch schon mal aus?

Wer besucht bei dieser Gelegenheit mal rasch die Stände der Konkurrenz, ist also nicht im Einsatz am eigenen Stand?

Wer macht wann wie oft Pause, ist in ein Gespräch mit Standnachbarn verwickelt, gönnt sich ein Gläschen Sekt hinter dem Paravan, um die plötzliche Besucherflaute besser zu verkraften?

Wie ein Fußballteam sich auf das entscheidende Match vorbereitet, auf 90 Minuten, nicht weniger (vielleicht ein bisschen mehr), in denen es auf alles ankommt - so sollte sich eine optimale und effiziente Messevorbereitung darstellen, von der strategischen Einbettung in die Unternehmensziele generell bis hin zur Planung des Messeauftritts bis zum letzten Detail!

Diese Arbeit ist aus der (Messe)Praxis für die (Messe)Praxis entstanden und darf als Arbeitspapier, als Grundlage für zukünftige Messeteilnahmen gesehen werden.

Die im Anhang zu findenden Arbeitsbögen bilden das Fundament für eine solide unternehmensinterne Vorbereitung einer Messeteilnahme.

Die Beiziehung externer Spezialistinnen und Spezialisten, also sozusagen ein Outsourcing der Messevorbereitung, empfiehlt sich immer dann, wenn die eigenen MitarbeiterInnen mit einer solchen Aufgabe im Rahmen ihrer Tagesarbeit überfordert sind - das Thema Messeoptimierung ist zu wichtig, um es als Nebensache zu betrachten!

Der Autor,
im Winter 2012/2013

Vor Ort

Jede Reklame ist der Versuch,
den Menschen von seinem Geld zu trennen.
John B. Priestly

Marktatmosphäre

Erkenntnis:

Kaum eine Umgebung spiegelt den klassischen Marktplatz besser, als die überschaubar enge Fläche eines Messestandes:

Jede und jeder kann unangemeldet den Messestand betreten, ihn aber auch ohne jede Verpflichtung jederzeit wieder verlassen.

Die Geräuschkulisse, die Geruchskulisse und die Zahl visueller Reize entspricht meist ziemlich genau dem Marktplatz von Marrakesch zur Mittagszeit...

Bei keinem Gespräch mit MessestandsbesucherInnen ist von vorneherein klar, ob ein längeres Gespräch am Stand lohnt oder ob die Gesprächspartnerin, der Gesprächspartner - mangels Kaufbereitschaft oder mangels weiterreichendem Interesse - eigentlich nur Zeit belegt, die anderen, tatsächlichen Interessentinnen oder Interessenten geschenkt werden könnte (Messeinsider sprechen beim diesem Besuchertyp ironisch von „Sehleuten“).

Zeiten der „Flaute“ folgen oft unmittelbar Zeiten des plötzlichen Ansturms.

Ruhige, entspannte Gespräche zu führen ist kaum möglich - es tickt stets die Uhr, deren Zeiger durch vorbeieilende, nicht angesprochene, potentielle Interessentinnen und Interessenten symbolisiert wird.

Konsequenz

Höchste Priorität ist auf die beste Tageskondition am Messestand zu legen sowie auf eine optimale Einstimmung, ein bestmögliches Trainieren von Gesprächssituationen unter den genannten Umwelteinflüssen und Umgebungsfaktoren.

Was wiederum dazu führt, oft eingefahrene Gesprächs- und Verhaltensmuster, die im Rahmen anderer, meist täglich routiniert ausgeübter Gespräche sozusagen internalisiert sind, der außergewöhnlichen Messe-Marktplatzsituation anzupassen:

Wer gewohnt ist, einer Einzelperson in einem ruhigen Büro gegenüberzusitzen und seine Angebote zu präsentieren, oder in einem Showroom sich voll und ganz auf einen oder zwei Gesprächspartner einlassen zu können, muss für die Ausnahmesituation an Messeständen sensibilisiert und trainiert werden.

Konzentration

Erkenntnis

Im Beratungs- oder Verkaufsgespräch am Messestand spielt die Fähigkeit des Messestandteams, sich für die Darbietung seines Angebotes mit allen Kräften einzusetzen, sich auf das Gespräch zu konzentrieren, für den Erfolg eine wesentliche Rolle (s. Umweltreize bei „Markatmosphäre").

Die Fähigkeit der Gesprächspartnerin oder des Gesprächspartners - also der möglicherweise potentiellen Kundinnen und Kunden- den Ausführungen der Verkäuferin oder des Verkäufers konzentriert zu folgen, die Argumente und Fakten in der Reihenfolge ihrer Wichtigkeit für sich selbst zu erkennen und zu verstehen, spielt jedoch die absolut ausschlaggebende Rolle!

Unterstützt oder gebremst durch die Gedächtnisleistung (s. Stichwort „Gedächtnisleistung") ist die Fähigkeit, die Gedanken und Sinne nicht schweifen zu lassen, sich nicht vom möglichen Gedränge am Messestand ablenken zu lassen, sondern konzentriert (aus dem Lateinischen, wörtlich übers.: zusammenballen, um einen Mittelpunkt zusammenziehen) einen Dialog zu führen, die Voraussetzung dafür, dass sich Angebot und Interesse auch tatsächlich zur gleichen Zeit treffen und decken.

Konsequenz

Unterstellen wir die Konzentrationsfähigkeit und den Konzen-trationswillen von Seiten des Messestandteams, so sind ihnen von Seiten des Besuchers am Messestand enge Grenzen gesetzt.

Dies, neben anderen Gründen, dadurch, dass kaum ein Beratungs- oder Verkaufsgespräch gleichsam in einem Vakuum stattfinden kann, also isoliert von der Umwelt.

Geräusche und Bewegungen im Umfeld lenken ebenso ab wie spürbarer Zeitdruck der Messebesucher.

Langatmiges und gleichförmiges Nur-Reden auf der einen Seite, geduldiges Zuhörenmüssen auf der anderen Seite - sogenanntes „nur verbales Darbieten des Angebotes“ - ermüden die Konzentration der Standbesucherin, des Standbesuchers ebenso rasch und nachhaltig wie fehlende Höhepunkte, „Aha-Effekte“ oder positive Erlebnisse: Das Diktat der Unlust tritt um so rascher auf den Plan, je eher Kraft und Willen zur Konzentration nachlassen.

Die Wertigkeit der Gesprächsminuten im Gespräch nimmt drastisch bereits nach kurzer Zeit ab und ist erfahrungsgemäß nicht wiederzugewinnen.

Nur ein im Ablauf geplantes Beratungs- oder Verkaufsgespräch, das die Aufmerksamkeit wachhält und mit inhaltlich und rhetorisch interessanten Höhepunkten durchsetzt ist, hat im Rahmen der absoluten Reizüberflutung in einer Messehalle Erfolg.

Denn eben diese Reizüberflutung hat die rapide und erschreckend steigende, allgemein zu beobachtende Konzentrationsschwäche zur Schwester, die das Aus für jedes mäßig geführte Gespräch bedeutet!

Gedächtnisleistung

Erkenntnis:

Informationen im Umfang von 62,5 Millionen voll beschriebenen A4-Seiten sind im menschlichen Durchschnittsgehirn gespeichert!

In der modernen Computerrecheneinheit „Bit" ausgedrückt, bedeutet dies bei 16 Kilobit pro Seite rund eine Billion Bit (10 hoch 12). Bis vor gar nicht so langer Zeit war diese Speicherkapazität immer noch jeder herkömmlichen Technik überlegen.

Umgekehrt verhält es sich dagegen mit der Geschwindigkeit, in der neue Informationen eingespeichert werden: Bringen es hier, unter den technischen Voraussetzungen von 2013, moderne Halbleiterspeicher pro Sekunde auf bis zu 50 Millionen „einlesbare" Bit, gibt sich das sog. Kurzzeitgedächtnis im menschlichen Gehirn mit 50 Bit pro Sekunde zufrieden, das Langzeitgedächtnis sogar mit nur einem Bit pro Sekunde.

Konsequenz

Warum stellt sich James Bond in seinen Filmen meist vor als:

„Mein Name ist Bond. James Bond!"? Nun, weil er (oder der Drehbuchautor) um die einprägsame, verstärkende Wirkung der Wiederholung weiß!

Schließen wir die Erkenntnisse des Stichwortes *„Konzentration"* ein, so ergibt sich bei Beratungs- oder Verkaufsgesprächen am Messestand die dramatische Situation, dass einem meist völlig fremden Menschen eine Reihe für ihn wahrscheinlich neuer Zusammenhänge in einer reizüberfluteten Umgebung und in notwendigerweise kurzer Zeit klar, deutlich und verständlich dargelegt werden müssen.

Dies geschieht zudem mit dem erklärten Ziel, der Gesprächspartnerin oder dem Gesprächspartner im besten Falle direkt am Ende des Gespräches die Visitenkarte, die Zusage für einen Besuchstermin oder gar die Unterschrift unter einen konkreten Auftrag zu entlocken!

Gelingt es dem Messestandsteam, in dieser knappen Zeitspanne dem *Kurzzeitgedächtnis* der Gesprächspartnerin oder des Gesprächspartners zumindest jene Eigenschaften, Vorteile und Nutzen des eigenen Angebotes deutlich zu machen, die für sie oder ihn wichtig sind;

und gelingt es, eine gewünschte Entscheidung in kleine Schritte der Zustimmung zu zerlegen, statt eine einmalige Totalentscheidung - *„ja oder nein?"* - zu erzwingen, hat man in aller Regel einen zufriedenen Kunden gewonnen.

Wird dagegen umgekehrt die Gesprächspartnerin, der Gesprächspartner mit zu vielen, nur mangelhaft in Bildern und Vergleichen herausgearbeiteten oder gar für ihn völlig nebensächlichen Fakten überhäuft, ist nicht nur das Kurzzeitgedächtnis des Gegenübers überfordert, sondern es werden auch jene Mechanismen in Gang gesetzt, die Unlust und Aggression steuern!

Die gute Verkäuferin, der gute Verkäufer rechnen mit dem schlechten Gedächtnis des Kunden und planen gezielt Wiederholungen wichtiger Aspekte, schriftliches Festhalten und Lesenlassen maßgebender Punkte und Zahlen und Verstärkung des mündlich Mitgeteilten durch die Untermauerung durch eine Präsentation über die Sinne (s. Stichwort *„Perlenkette“*).

Bond lässt grüßen.

James Bond...!

Perlenkette

Erkenntnis:

Um zu verdeutlichen, welche wertvollen Hilfsmittel einer die gesamten Sinne ansprechenden Argumentation im Verkauf oder in der Beratung am Messestand zur Verfügung stehen, sprechen wir von der *Perlenkette der Effizienz im Beratungs- und Verkaufsgespräch.*

Dieser Begriff beschreibt die Reihenfolge der Schritte einer erfolgreichen Waren- oder Dienstleistungspräsentation mit

- Sehen
- Hören
- Schmecken
- Riechen

Der Übergang vom *sinnlichen Verstehen* eines Produktes über *das verstandesmäßige Erfassen* seiner Eigenschaften, Vorteile und Nutzen zum eigentlichen *Besitzwunsch* gipfelt im Idealfall in

- Greifen - *Be*greifen – Habenwollen!

Konsequenz

Für die Organisation eines Beratungs- und Verkaufsgespräches in der begrenzten Zeit im Rahmen eines Gesprächs am Messestand bedeutet dies:

An möglichst vielen Stellen, bei allen vernünftigen und möglichen Gelegenheiten, sollen die *Sinne* der Gesprächspartnerinnen und Gesprächspartner - der möglichen Kundinnen und Kunden - einbezogen werden.

So lässt sich bereits, z.B. im Rahmen eines Trainings für den Einsatz am Messetand, überprüfen, welche Angebote und Waren des eigenen

Unternehmens welche sinnlichen Eindrücke hinterlassen.

Es lassen sich z. B. Textilien *tasten*, oftmals sogar *riechen*, Holz lässt sich *klopfen* (= hören, Stabilität spüren etc.) *und* riechen, das verborgene Innere wertvoller Produkte lässt sich *sehen* („*kann sich sehen lassen!*").

Dann weiter: Im Ablauf des Gespräches kann in der Regel nahezu jedes Produkt der Gesprächspartnerin, dem Gesprächspartner *in die Hand gegeben* werden (Greifen + Begreifen + Habenwollen) und möglichst lange dort verbleiben!

Zusätzlich können Muster von Produkten oder Materialien, die den negativen Gegensatz eines Angebotes (z.B. eines qualitativ schlechten Konkurrenzangebotes) darstellen, gezeigt werden, gleichsam als „abschreckende Beispiele". Dieses Vorgehen dient vorzüglich zum Aufbau einer vergleichenden Argumentation dafür, warum sich das entsprechende Unternehmen für die Produktion gerade dieser und nicht einer billigeren Variante des Artikels entschieden hat. (Die gesetzlichen Schranken gegen vergleichende Werbung in der Bundesrepublik werden bei diesem Vorgehen nach Auskunft mehrerer Rechtsberater nicht berührt. In der Schweiz und in Österreich sind diese Bestimmungen ohnehin lockerer).

Das Ansprechen mehrerer Sinne ist nahezu ausnahmslos bei jedem Angebot, in jeder Branche möglich. Der doppelte *Effekt der Verstärkung* des Eindrucks (s. Stichwort „*Konzentration*" und „*Gedächtnisleistung*") zum einen, eine lebendige Gestaltung des Gespräches mit aktiver Einbeziehung der potentiellen Kundin, des potentiellen Kunden zum anderen verdichtet die Chancen, alle Seiten eines Angebotes eindringlich und nachhaltig deutlich gemacht zu haben.

Menschenkenntnis

Erkenntnis:

Im Unterschied zu Auftritten auf Verbrauchermessen (s. Stichwort *Verbrauchermessen*) treffen auf Fachmessen meist nur Profis auf Profis: In aller Regel annähernd gleicher fachlicher Hintergrund, annähernd gleiche Ausbildung, annähernd gleiche Wortwahl und Fachterminologie, sie lesen die gleichen Fachzeitschriften, besuchen ähnliche Fachseminare, zeigen nicht selten gleiches Auftreten, ähnlichen Habitus bis hin zum annähernd gleichen dunklen Anzug und gleicher beruflicher Motivation.

Meist - aber eben nicht immer!

Alte Füchse im Messewesen haben zum Beispiel einen „siebten Sinn“ dafür entwickelt, wann die Konkurrenz jemanden vorbeischickt, der ausspionieren soll, was sich denn so tut am Stand von Meier & Co in diesem Jahr - der aber natürlich nicht direkt von der Konkurrenz sein darf, den man(n) kennt sich ja;

Andererseits sind da die unbekannten Messestandsbesucherinnen und -besucher, die mit großen Ohren staunend dem Vortrag des Verkaufsleiters von Meier & Co lauschen und wirklich beeindruckt sind von der diesjährigen revolutionären Innovation des Unternehmens - und deshalb mit großem Interesse betreut sein wollen, statt wie verdächtige Spione misstrauisch beäugt zu werden.

Da ist der frischgekürte Vertriebsleiter eines Unternehmens, das Meier & Co schon lange als Zulieferer gewinnen wollte - aber der entpuppt sich als überheblich und selbstverliebt, will also mit sehr viel Fingerspitzengefühl umworben sein;

oder eine atemberaubende Schönheit aus Asien, ihres Zeichens Chefeinkäuferin eines großen Konzerns, die sogar Herrn

Meierpersönlich sichtlich nervös macht und dabei auch noch so perfekt Englisch spricht, dass wohl selbst Obama beim Antworten ins Stottern käme;

oder der kleine, dicke, nicht unsympathische Herr X. aus Bayern, seines Zeichens langjähriger Kunde und daher pflegebedürftig, der aber seinen Gesprächspartnern während seiner Ausführungen stets penetrant und schwitzend immer so auf eng die Pelle rückt, dass einer spontanen Umarmung nichts mehr im Wege stünde, weil kein Blatt Papier mehr zwischen die beiden Bäuche der Gesprächspartner passen würde...

Und, und, und - die Reihe durchaus *menschlicher Formen des Menschseins* ist von alten Messehasen und -häsinnen endlos fortzusetzen, wenngleich meist nur hinter vorgehaltener Hand an Newcomer preisgegeben.

Zwei Drittel bis drei Viertel aller Entscheidungen in der Wirtschaft wird aber von *emotionalen* Faktoren geprägt, auch wenn *rationale* vorgeschoben werden.

Bestes Beispiel sind wir Männer am Ferrari-Stand im Genfer Autosalon, wo uns natürlich nur die ausgeklügelte Sicherheitstechnik und die super-x-verwirbelte-Ausspritzdüse mit eingebautem Raketenantrieb fasziniert und keineswegs die Vorstellung, in diesem Wagen mal eben kurz vor dem Vereinshaus vorzufahren oder in den coolen Ledersitzen mit Frau Schulze von nebenan, auch Single, mal eben zum Eisessen nach Milano zu düsen (dank der erwähnten bedüsten super-x-gewirbelten Ausspritzdüse also no problem!).

Konsequenz

Weil sich im Wirtschaftsleben selten ein räumlich und zeitlich so *konzentriertes Zusammentreffen* der unterschiedlichsten Charaktere, Temperamente, heute sogar meist auch noch der unterschiedlichsten Kulturen findet;

weil dort die unterschiedlichsten Erwartungen, Forderungen, Vorstellungen, menschlichen Stärken und menschlichen Schwächen gleichsam ungebremst aufeinander prallen, ist es *ein Muss*, das Team der Messestandsbesatzung auf den Umgang mit genau dieser hochbrisanten Mischung zu trainieren, vorzubereiten.

Hier spielt die Lebens-, Berufs- und Messerfahrung langjähriger Mitarbeiterinnen und Mitarbeiter eines Unternehmens, einer Institution, eine entscheidende Rolle:

Einem Coach vergleichbar, können und sollen sie tabulos während der Trainingsstunden dem gesamten Team von ihren sehr persönlichen Erfahrungen im Umgang mit dem „Faktor Mensch“ in all seinen Facetten bei seinem Auftreten an Messeständen berichten.

Menschenkenntnis ist in aller Regel eine Frucht langjähriger Präsenz auf diesem Planeten – vereinfacht ausgedrückt: Des Lebensalters.

Aber sie ist auch vermittelbar: Ältere, erfahrene Mitarbeiterinnen und Mitarbeiterinnen sind gehalten, offen über das zu sprechen, was sich als die vielen kleinen Tücken, als die vielen kleinen Fallstricke zwischenmenschlicher Kommunikation am Messestand erweisen wird, um damit weniger messeerfahrenen Damen und Herren zu dem zu verhelfen, was als *conditio sine qua non der Präsenz am Messestand* anzusehen ist:

Selbstsicherheit, Selbstvertrauen, Selbstbewusstsein (um vielleicht doch noch ein Blatt oder sogar ein ganzes Papierbündel zwischen den eigenen Bauch und den von Herrn X. aus Bayern schieben zu können…).

Präsenz

Erkenntnis:

Messestände sind Bühnen: Jeden Augenblick stehen die Schauspieler im Rampenlicht, was keine Sekunde vergessen werden darf!

Komprimiert auf meist etwa vier Tage (bei Fachmessen) kann jede Sekunde ein wichtiger Schon- oder ein potentieller Noch-Nicht-Kunde den Stand betreten, sozusagen ohne Vorwarnung.

Das Messestandsteam ist daher gehalten, jeden Moment, zwischen Messeeröffnung am Morgen und Messeende am Abend, Wachheit, Aufmerksamkeit, Konzentration, kurz: Präsenz zu zeigen, selbst in den letzten Minuten vor Messeende so fit zu erscheinen wie den ersten Minuten nach Messeeröffnung.

Wochenlang, ja, oft monatelang (bei topprofessioneller Vorbereitung) wurde auf diesen Auftritt hingearbeitet - und jetzt kommen die Stunden der Bewährung!

Für Menschen, die weder z.B. Bühnenmusiker, noch Schauspieler, noch Schausteller noch Marktschreier noch Showstars sind, eine ungewöhnliche Herausforderung: Die Vorstellung, acht Stunden am Tag sozusagen jede Sekunde gleichermaßen bereit zu sein für die unterschiedlichsten Begegnungen der dritten Art (s. unter „*Menschenkenntnis*"), ist auch eine energetische Herausforderung: Sind die Damen und Herren am Messestand in diesem Moment wirklich rundum fit?

Konsequenz

Die Konsequenzen aus diesen Erkenntnissen werden Arbeitgeber vielleicht nicht so gerne hören, aber es sind aus der Erfahrung geborene Notwendigkeiten:

Investieren Sie rechtzeitig und professionell in das Training Ihres Messestandsteams, um es auf den Moment des „Einmarsches in die Arena“ als topfit zu sehen.

Verwöhnen, ja *verhätscheln* Sie Ihr Messestandsteam geradezu, so, wie es der Trainer von Bayern München tut, wenn er seinen Jungs vor dem Spiel die Waden küsst (na ja, es muss ja aus einem solchen Ratgeber nicht alles 1:1 umgesetzt werden, auch wenn manche Wade noch so reizvoll erscheinen mag.).

Räumen Sie dem Team vor der Abreise zur *Messe einen freien Tag* ein, der keinerlei Verpflichtung zum Erledigen von irgend etwas Bestimmtem enthalten darf.

Erkennen Sie, dass nur die oben beschriebene 100%ige Präsenz Ihres Messestandsteams die Investitionen in die Messeteilnahme rechtfertigt - return on investment...!

Supervision

Erkenntnis:

Wann immer Teams zusammen an einer gemeinsamen Aufgabe arbeiten, ist der *Austausch von Erfahrungen* zum jeweiligen Aufgabenkomplex ein unbedingtes Muss-in der Fachsprache *Supervision* genannt.

Bestens bekannt *aus* und bestens bewährt *in* den unterschiedlichsten Bereichen von Wirtschaft und Verwaltung, gibt es kaum ein wirksameres Instrument, um Wesentliches zu erreichen, denn S*upervision* bedeutet

- offenen, tabulosen Austausch über das, was ihr und ihm sozusagen „vor Ort“ geschah, was sie oder er an Eindrücken, Anregungen, Impulsen mitnahm
- dies mit anderen Teammitgliedern zu teilen und zu diskutieren, zu reflektieren und
- gemeinsam zu beraten, wie mit bestimmten, außergewöhnlichen Situationen im Rahmen eines Gesprächkontakts in Zukunft am geschicktesten umzugehen ist
- eine Angleichung der Argumentation und der Verhaltensmuster innerhalb eines Messestandsteams, was für ein homogenes Erscheinungsbild des gesamten Unternehmens nach außen unabdingbar ist.

Die Ergebnisse solcher Besprechungen müssen dann raschmöglichst als *„Feedback“*, als *Rückfluss* zu jenen Personen, Abteilungen, Institutionen gelangen, die aus diesen Erfahrungen längerfristige Schlussfolgerungen ziehen können, welche dann wiederum - sozusagen in einem kybernetischen Prozess - in den Berufsalltag einfließen können.

Supervision bietet vor allem auch Entlastung von der Vorstellung, gewisse Probleme entstünden nur durch uns selbst - verblüffend und erleichternd zugleich ist dann meist die Erkenntnis, dass andere Ähnliches erfuhren und empfanden.

Konsequenz

Kaum eine Aufgabe am Messestand ist wichtiger als diese: Es hat, zum Erfahrungsaustausch, nach jedem Messetag eine *Besprechung* stattzufinden - *Supervision* -, in der, präzise formuliert, die Erkenntnisse aus der Gesprächsarbeit des Tages (oder, falls diese Besprechung am nächsten Morgen vor dem neuen Messetag stattfindet, des Vortages) für die Abteilungen in Vertrieb und Verkauf, für die Marketingleitung und für die Unternehmensleitung sowie für das eigene Verhalten am Messestand festgehalten werden.

Diese Gespräche erfüllen, im Sinne der klassischen Supervision, auch den Zweck, Erfahrungen auszutauschen, was die Argumentation gegenüber Messestandsbesuchern betrifft, die anzuratenden, bewährten Reaktionen auf Kundenfragen etc.

Denn die Praxis aus Jahrzehnten Messeerfahrung zeigt auf, dass Messestände auch *Seismographen* sind, Empfänger von Stimmungen, von Stimmungswandel unter den Messestandsbesuchern, die, selbst für Profis verblüffend, sich oft von einem Jahr zum nächsten wandeln können.

So sollten sich Messestände resp. deren Team auch als *„Ohr am Markt“* empfinden.

Eine rasche Änderung der Gesprächstaktik, sozusagen von einem Tag auf den anderen, wird aber nur durch dieses permanente „Reflektieren“, durch das die *täglichen Erfahrungen spiegeln* und durch diese Supervision mit anderen teilen, anderen zur Diskussion zu stellen, möglich.

Im Militär auch *„Manöverkritik“* genannt, stellt die tägliche Lagebesprechung ein Muss im Rahmen der Messebeschickung dar - nicht die halbe Miete, aber die . Drittelmiete.

Zwischenbilanz und Ausblick

Messestände sind Marktplätze im Kleinformat!

Wer den Faktoren Zeitdruck, Konzentrationshemmern, Erfolgsdruck etc. am Messestand Rechnung tragen will, muss auf *einem hochqualifiziertem Training* des Messestandsteams bestehen.

Messeteilnahmen sind schlichtweg zu teuer, als dass auch nur eine Stunde am Messestand dem Zufall überlassen werden darf.

Zudem ist die Investition in das Training eines Teams für einen Messestand eine Investition in die Stärkung des Verkaufsteams eines Unternehmens allgemein - win/win!

Das Was und das Warum

Wir leben in einer Zeit der vollkommensten Mittel und der verworrensten Ziele.

Albert Einstein

Ziele

Erkenntnis:

Die Segel eines Schiffs können vom Wind bis zum Zerreißen gebläht sein - wenn der Kapitän nicht bestimmt, wohin die Reise geht, helfen auch vierzig Knoten pro Stunde nichts.

Das Abarbeiten des Fragenkatalogs mit der einleitenden Frage: *„Was bezwecken wir mit einer Teilnahme an dieser oder jener Messe?“* muss jede Grundsatzentscheidung über eine Messeteilnahme bestimmen.

Diese Ziele können u.a. sein:

- Vorstellung eines neuen Produktes, einer neuen Dienstleistung
- Testlauf eines bewährten, aber zwischenzeitlich optimierten Produktes, einer zwischenzeitlich verbesserten Dienstleistung
- Marktforschung (erfahren, was die potentiellen oder Bereitskunden wünschen, planen, denken)
- Unterstützung / Promotion regionaler oder nationaler Vertretungen
- Suchen und finden neuer, regionaler oder nationaler Vertriebspartner.

Konsequenz

Stufe eins der Planung jeder Messebeteiligung hat der Vorgang der Zielfestlegung zu sein!

Dazu müssen nicht nur alle internen, relevanten Abteilungen resp. deren Vertreterinnen und Vertreter beigezogen werden, sondern, im Falle überregionaler, nationaler oder gar internationaler Aktivitäten, auch die entsprechenden Vertriebspartner in der jeweiligen Region.

Es hat die verantwortliche Marketingleitung *vor* diesem Treffen, vor dieser Konferenz, alle relevanten Fakten und Daten aufzubereiten, die eine präzise Zielformulierung ermöglichen.

Dabei hat die Unterscheidung in ein Hauptziel und in untergeordnete Nebenziele zu erfolgen, mit der jeweiligen Priorität.

Hochgradig wirksamer Nebeneffekt einer solchen zusammenfassenden Zieldarstellung ist unter anderem auch eine dadurch aktuelle erfolgende Standortbestimmung des Unternehmens, der Institution:

Was wollen wir überhaupt mit unserem Angebot erreichen, längerfristig, mittelfristig, kurzfristig?

Sind unsere Ziele in jeder Region und für jede Zielgruppe identisch oder müssen, je nach Segment, unterschiedliche Ziele formuliert werden?

Wie können diese Ziele „zur Sprache gebracht“, also *verba*l so einfach, klar und jederzeit sozusagen aus dem Stegreif formuliert, umgesetzt werden, so dass zum Beispiel der Vertriebsleiter nachts um vier locker aus dem Schlaf gerissen werden kann, weil es beim asiatischen Vertriebspartner gerade später Vormittag ist und der dortige Repräsentant genau diese Frage nach den Zielen der nächsten sechs Monate stellt.

Das Ergebnis dieser Zielfestlegungskonferenz ist ein klares Dokument, das dem Messestandsteam vom Moment des ersten Messetrainings an bis in die letzten Stunden am Messestand sozusagen als „Wort Gottes“ vor Augen stehen wird (wobei auch hier der Mensch nur denkt, aber der Erstgenannte lenkt...).

Einbettung

Erkenntnis

Messeteilnahmen müssen zu 100 Prozent in den Marketingplan des Unternehmens eingebettet sein, sonst kann nur noch von „Geld verbrennen" gesprochen werden.

Denn die Feinjustierung der Zielvorgaben - siehe unter *Ziele* - ist nur dann wirklich erfolgreich, wenn der Messeauftritt sozusagen im Fadenkreuz der gesamten kurz-, mittel- und längerfristigen Unternehmensziele steht.

Alleingänge einzelner Abteilungen oder Personen, was die Vorstellungen über das Unternehmensimage, die anzustrebenden Ziele, die Vorgehensweisen zu deren Erreichen etc. betrifft - und geschähen diese auch nur gedanklich - sind Dolchstöße für das Marketingkonzept als Ganzes.

Konsequenz

Wie aus dem Stichwort *„Ziele“* hervorgeht, bedarf es der Beiziehung aller Verantwortlichen in Vertrieb und Verkauf zu einer oder notfalls mehreren Konferenzen, um zu garantieren, dass alle für den Messeauftritt geplanten Maßnahmen den Vorgaben des jeweils aktuellen Marketingplans entsprechen.

Persönliche Empfindlichkeiten, individueller Ehrgeiz der oder des einzelnen Bereichsverantwortlichen haben sich gnadenlos dem Gesamtziel unterzuordnen, das Team der Messestandbesatzung zu einer repräsentativen Vertretung des Unternehmens zu formen.

Prioritätenliste

Erkenntnis:

Die im ersten Abschnitt beschriebene Herausforderung, am „Marktplatz Messestand" optimal präsent zu sein, gelingt dem Team der Messestandsbesatzung nur, wenn eindeutige Vorgaben zum Auftritt am Messestand in einer effizienten und leicht nachvollziehbaren und einfach umsetzbaren Form erarbeitet werden, sonst sind mit Sicherheit selbst die kompetentesten und erfahrensten Mitarbeiterinnen und Mitarbeiter in der Situation des Messealltags überfordert.

Konsequenz

Das Team der Messestandsbesatzung muss mit den Ergebnissen der Zielfestlegungskonferenz (siehe Stichworte *Ziele* und *Einbettung*) bis ins Detail vertraut gemacht werden.

Das Team der Messestandsbesatzung muss bereits beim Messetraining, spätestens aber ab dem ersten Tag am Messestand, über eine klare *Prioritätenliste* verfügen, die sozusagen eine Richtschnur für die zu führenden Gespräche darstellt.

Diese Prioritätenliste ist unter anderem das Resultat aus der vorerwähnten Zielfestlegung, aber nicht eins zu eins mit dieser identisch.

Denn bei jedem neuen Kontakt-und damit vor jedem anstehenden Gespräch!- ist durch die Mitglieder des Messeteams eine Herausforderung zu erfüllen, der nur Rechnung getragen kann, wenn die im ersten Abschnitt geforderten Vorgaben verinnerlicht sind, vor allem: Konzentration.

Diese Prioritätenliste muss, einem Spickzettel während einer wichtigen Abschlussprüfung gleich, auch am Messestand in der einen oder anderen Form präsent sein (aber bitte nicht so, dass sie einem Kunden in die Hände fällt, oh je...).

Zwischenbilanz und Ausblick

Nichts dem Zufall überlassen: Wie im „echten Leben“ kommt es auf die Beantwortung der beiden zentralen Fragen an:

„Was will ich und was will ich nicht?

Und:

„Warum will ich es und warum will ich es nicht?“

Das Vorgehen, alle im Außenkontakt stehenden Abteilungen resp. deren Repräsentantinnen und Repräsentanten in die Formulierung der Zielvorgaben für den Messeauftritt einzubeziehen, erweist sich als ein absolutes Muss, ebenso wie die Stärkung des Auftritts des Teams am Messestand mit eindeutigen Vorgaben.

Das Wie und das mit wem

Planung ist der Ersatz des Zufalls durch den Irrtum.

Winston Churchill

Sympathiewert

Erkenntnis:

Es gibt kaum ein höher einzuschätzendes Marketinginstrument als das, den sogenannten *Sympathiewert* eines Unternehmens in die Köpfe und in die Herzen potentieller Kundinnen und Kunden, Käuferinnen und Käufer zu transportieren.

Messestände spiegeln - und dies bitte als elementare Einsicht zu betrachten!- für die Besucherinnen und Besucher nichts Geringeres als die gesamte Firma, die gesamte Institution, den gesamten Verband, der dahinter steht!

Es ist mitnichten so, dass Messestände und deren Personal als in einer Sonderstellung, als in einer Ausnahmesituation Handelnde wahrgenommen werden:

So wie ein peinliches Versehen eines Auszubildenden am Telefon in der Firma oder an der Verladerampe des Unternehmens für den Kunden in diesem Augenblick den Eindruck erweckt, in der ganzen Firma, für die dieser Auszubildende arbeitet, ginge es so zu, repräsentiert am Messestand jede und jeder aus dem Team in diesem Moment *die gesamte Firma, die gesamte Institution oder den gesamten Verband* - hier zählen nämlich zuerst die *Emotionen*, zählen die im Unterbewusstsein gespeicherten Empfindungen der Messestandsbesucherinnen und -besucher.

Ein einmal oft in Sekunden gefälltes Urteil über den Kontakt mit den Repräsentanten am Messestand graviert sich gleichsam in das Langzeitgedächtnis der Besucherinnen und Besucher ein.

Hat der Gesprächspartner (als Repräsentant der Firma!) Mundgeruch oder / und zappelt er ständig von einem Bein aufs andere, während sein Blick während des Dialogs, statt ruhig im Blick des

Gegenüber zu verharren, irrlichternd durch die Messehalle geistert, so berichtet der Gesprächspartner später nicht von einem Herrn mit Mundgeruch, der von einem Bein aufs andere zappelt und ihm nicht lange in die Augen schauen konnte, nein: Er erzählt, dass er bei Meier & Co alles andere als kompetent empfangen wurde ... *„..was mag das wohl für ein seltsamer Laden sein?!“*

Konsequenz

Messeauftritte transportieren wie kaum ein anderes Medium den Sympathiewert eines Unternehmens. *„Wie der Baum, so seine Äste / wie der Wirt so seine Gäste!“* könnte, in einer abgewandelten Form auch lauten: Wie die Firma, so ihre Mitarbeiter.

Unternehmen werden bei Messeauftritten gnadenlos gleichsam gescannt, ob von potentiellen Kundinnen und Kunden, ob von der Konkurrenz, ob von Fachjournalisten (Achtung: Denn auch die sind unterwegs auf dem Messegelände und nicht zu unterschätzen in ihrer Wichtigkeit!).

Im Prozess der Planung des Messeauftritts muss als Tagesordnungspunkt auch die Frage auf der Liste stehen: *„Was macht uns sympathisch?“* Und intern diskutiert werden muss auch tabulos die Frage: *„Sind wir überhaupt sympathisch und sympathischer wirkend als unsere direkte Konkurrenz, wird unser Unternehmen als sympathisch empfunden?“*

Diese Diskussion, sofern sie offen geführt werden kann und auch kritische Meinungen aus den eigenen Reihen respektiert und diese gehört werden, reicht in ihren Schlussfolgerungen weit über den Anlass der Messeplanung hinaus und strahlt mit Sicherheit in die gesamte Unternehmensplanung aus - und dazu bedarf es keiner Consultants von Roland Berger in der Firma, man höre und staune: 100´000,- Euro für Externe können durch *Selbstreflexion* gespart werden!

Lieferanteneinbindung

Erkenntnis:

Die frühzeitige Beiziehung von Zulieferern und / oder anderweitig verbundenen Unternehmen und Institutionen in die Planung einer Messeteilnahme bedeutet Schubkraft für die eigenen Anliegen: Wer sich als solider Partner namhafter Produzenten und Lieferanten darstellen kann, beweist Kompetenz und Vertrauenswürdigkeit.

Vertreter namhafter Anbieter zu sein, bedeutet nicht nur im klassischen Fall von Autohäusern, die „große Marken" vertreten, einen Bonus – wo immer im Markt, sei es in TV-Spots, in Fach- oder Publikumszeitschriften oder in der Direktwerbung durch andere Medien ein Markenname auftaucht, der auch durch das eigene Unternehmen, die eigene Institution repräsentiert wird, wächst der Vertrauensbonus.

Zudem sind solche Geschäftspartner auch in aller Regel zu einem finanziellen Beitrag zum Gelingen einer Messeteilnahme bereit oder aber stellen geldwerte Unterstützung zur Verfügung, bis hin zu Repräsentanten des eigenen Unternehmens, die sich am Stand der Messeteilnahme zumindest stundenweise und nach spezieller Ankündigung einfinden.

Konsequenz

Bereits im längerfristigen Vorfeld der Planung einer Messeteilnahme sind Gespräche mit verbundenen Unternehmen und Institutionen zu führen, um deren Interesse, Bereitschaft und den Umfang von deren möglichem Engagement abzutasten.

Synergieeffekte können damit strategisch geplant werden, denn nicht selten gibt es reichlich gemeinsame Schnittmengen bei der Bearbeitung eines Marktes, die durch die Marketingabteilungen von Zulieferern entdeckt und gefördert werden können.

Da hier der Aspekt des Timing einer Messeteilnahme (s. unter *Timing*) eine wesentliche Rolle spielt, drängt sich rechtzeitiges Herantreten an alle nur denkbaren externen Partner lange vor der Detailplanung einer Messeteilnahme geradezu auf - Erfahrungswert aus der Praxis, für die Praxis!

Messestandskonzepte

Erkenntnis:

Zur Verblüffung von Insidern zeigt sich immer wieder, dass in das Team zur Planung und Konzeption von Messeständen - der „Hardware“ - die Personen, die letztlich das Messestandsteam bilden, kaum oder gar nicht einbezogen werden.

Erfahrene „alte Hasen“ (und „Häsinnen“) bestätigen jedoch unisono, dass die Ästhetik, der optische Eindruck eines Messestandes ein wichtiges Element im Messeauftritt darstellen, aber keineswegs allein ausschlaggebend sein sollte: Die *Funktionalität eines Messestandes* sollte der Optik, der Ästhetik und der dadurch vermittelten Grundstimmung ebenbürtig sein!

Konsequenz

Messestände sollen gleichsam um die sich in ihnen bewegenden Menschen herum gebaut werden, und nicht umgekehrt!

Konsequentes Messetraining beinhaltet daher den wichtigen Tagesordnungspunkt: *„Wie sind die von uns gewünschten Abläufe an unserem Stand?“*

Wobei die Betonung auf *„von uns gewünschten“* liegt: Wie bei der professionellen Planung eines Lebensmittelladens, bei dem Bier, Schokolade, Milch und Brot eben gerade *nicht* gleich neben dem Eingang liegen, sondern den Umweg durch den gesamten Laden erfordern, um auf dem Weg zu diesen Produkten hier und da noch etwas anderes in den Einkaufswagen zu legen, muss auch ein Messestand nach ausgetüftelten Kriterien gestaltet sein, vielleicht sogar nach dem zwar Jahrzehnte alten, aber immer noch wirksamen AIDA-Konzept (*attention / interest / desire / action)* = eingedeutscht:

- Aufmerksamkeit erregen
- Interesse wecken
- Das Verlangen wecken (Durchbruch)
- Abschluss / Verkauf

Die Frage: *„Was genau geschieht alles im Laufe eines Messetages an unserem Stand?“* fordert schlüssig die weiteren Fragen *„Wer macht wo und wann was?“* und vor allem *„Wie verhalten sich MessebesucherInnen erfahrungsgemäß an einem Messestand?“* und darauf folgend: *„Wie wünschen wir, dass sie sich verhalten?“*.

Diese Fragen können nur anhand der festgelegten *Ziele* und der *Prioritätenliste* beantwortet werden.

Bei einer *Produktneuvorstellung* wird sich die zur Verfügung stehende Messestandsfläche ganz anderes darstellen müssen als z.B. bei der Zielsetzung *Imagearbeit* oder *Marktforschung / Finden regionaler Kontakte*.

Schon alleine die Frage: *„Von welcher Seite gelangt der Hauptstrom der Besucherinnen und Besucher an unseren Stand?“* mag den entscheidenden Ausschlag dafür geben, an welcher Stelle welcher Blickfang, welches wichtige Exponat platziert werden soll, denn interessanterweise herrscht auch hier bei der Laufrichtung durch Messeflure der „Rechtsdrall“, wobei es noch eine entscheidende Rolle spielt, wo genau in der Halle sich der Stand befindet, was sich bei geschickten Verhandlungen während des Buchungsprozesses als „die halbe Miete erweisen kann“, wenn ein Standortvorteil erworben werden kann (s. auch unter *Arbeitsbögen: Standkonzeption)*.

Die Frage Kopf-, Eck- oder Reihenstand sollte nicht herausgewürfelt oder lediglich am Budget ausgerichtet werden, sondern erst *nach* dem Festlegen eines präzisen Ablaufplans für das Messeteam erfolgen (s. auch hier unter *Arbeitsbögen: Standkonzeption)*.

Showbusiness

Erkenntnis:

Eine Regel gilt gleichermaßen für die Teilnahme an Fachmessen wie für die Teilnahme an Publikumsmessen: Die Besucherinnen und Besucher sind, so wie übrigens nahezu wir alle, ganzjährig durch die Medien, durch permanente Werbeberieselung daran gewöhnt, stets nach Attraktionen Ausschau zu halten, den Blick nach dem Besonderen schweifen zu lassen, aus dem Bombardement von Sinnesreizen das für uns gerade in diesem Moment Wesentliche, Interessante oder Aufregende herauszufiltern.

Hand auf‘s Herz: An welche Messeauftritte welcher Unternehmen erinnern wir uns oft noch nach Monaten? An klassische, saubere, sterile Stände mit Resopalwänden und mit reichlich Kaffeeautomaten und grauem Filzteppichboden, mit Herren in dunklen Anzügen mit hinter dem Rücken verschränkten Händen, die gelangweilt auf den Zehenspitzen auf- und abwippen, an am Messestand reichlich ausliegendes Prospektmaterial-oder an...?

Konsequenz

An was erinnern wir uns dann?

Um für das eigene Unternehmen, die eigene Institution dafür eine attraktive Antwort zu finden, ist z.B. ein Brainstorming mit all jenen sinnvoll, die auch bei der Zielformulierung beteiligt sind.

In jedem Falle aber ist ein Muss, am eigenen Messestand mindestens *eine* besondere Attraktion zu bieten, die sich in das Langzeitgedächtnis der StandbesucherInnen einprägt, natürlich sinnvoll eingebettet in das Angebot des Unternehmens oder der Institution, in das Image, das Auftreten etc.

So engagierte beispielsweise ein Unternehmen, das für ethisch-ökologische Geldanlagen warb, an seinem Messestand einen Schauspieler in alten, klassischen Gewändern, bärtig, der gelegentlich Passagen aus der Ethik des Aristoteles zitierte, die sich mit dem sorgfältigen Umgang mit Geld und Wirtschaftsgütern beschäftigen und der dabei lächelnd Informationsmaterial überreichte - und er war zudem ein gern gesehenes Fotomotiv, zusammen mit den jeweiligen Standbesuchern, die nun wohl besonders in Japan und China mit dem bärtigen Ungeheuer prahlen.

(Es ist allerdings anzumerken, dass in diesen Tagen eine Anspielung auf Griechenland am eigenen Messestand eher dazu führt, dass Messebesucher vom Aussteller statt Prospektmaterial ihre bezahlten Steuergelder zurückfordern - aber das war ja nur ein Beispiel für Showbusiness am Messestand.).

Team

Erkenntnis:

Was für ein heikles Thema!

Immer dann, wenn es um menschliche Befindlichkeiten, um Rangordnungen, um Ehrgeiz, um verdeckte oder offene Wünsche im Berufsalltag geht, ist besonderes Fingerspitzengefühl gefordert.

Nun ist es aber bei einem in jeder Hinsicht zu optimierenden Messeauftritt wie bei der Zusammenstellung der Elf für das nächste Match gegen Bayern München: Wer kann gut mit wem, welche Aufgaben beherrscht wer am Besten, wer ist zu diesem Termin fit usw.

Konsequenz

Auch bei diesem Aspekt - *„Wie setzt sich unser Messeteam zusammen?“*- muss nach ausschließlich sachlichen Kriterien entschieden werden.

Nicht jede oder jeder noch so geachtete Spezialist ist auch geeignet, im Kontext eines in den ersten Kapiteln präzise geschilderten Umfelds am Messestand konzentriert und konsequent acht Stunden am Tag die Prioritätenliste abzuarbeiten;

Nicht jede attraktive und sympathische junge Dame, die zwar am Telefon „ihre Frau steht“, aber im Umgang mit oft älteren Berufsinsidern nicht geübt ist, die gleichsam im Minutentakt mit nicht selten völlig unterschiedlichen Temperamenten und Ansprüchen durch den Stand strömen, ist dieser Aufgabe gewachsen.

So bietet sich-aus der Praxis für die Praxis!-durchaus an, den genannten Spezialisten am Stand dabei zu haben, aber ihn nicht direkt „an der Front“ einzusetzen, sondern Gespräche mit ihm, sozusagen als Highlight für die StandbesucherInnen, in den hinteren / inneren Teil des Standes zu verlegen, sozusagen als zweite Stufe des Kontakts und vergleichbar dem Mittelstürmer, dem der Linksaußen den Ball vorlegt.

Das Messestandsteam hat sich in der Vorbereitungsphase auch mit diesen Rollenspielen zu beschäftigen (s. *Arbeitsbögen: Gesprächstraining“).*

Schließlich ist, in Zeiten der Emanzipation und Chancengleichheit, für die Ausgewogenheit zwischen Damen und Herren am Stand zu sorgen, wobei darauf zu achten ist, dass die Aufgaben der jeweiligen Damen nicht auf die klassischen Aufgaben des Kaffeeausschenkens und Tischeabräumens beschränkt bleibt...

Zwischenbilanz und Ausblick

Wie und mit wem - die Antwort auf diese Frage entscheidet gnadenlos über Erfolg oder Misserfolg einer Messeteilnahme!

Effizienz in der Messestandsplanung, die sich nach den Abläufen und Aufgaben am Stand richtet, ist ein Muss.

Und auch wenn persönliche Verletzlichkeiten, Eitelkeiten oder andere Faktoren der Menschenführung die Entscheidung beeinflussen, wer ein Unternehmen, eine Institution für einige Tage in der Öffentlichkeit repräsentiert - die Fragen wie und mit wem entscheiden über Messeerfolg oder Misserfolg.

Das Wann und das Wo

Der falschen Frau am richtigen Ort zur richtigen Zeit einen Heiratsantrag zu machen, ist folgenschwerer, als der richtigen Frau zur falschen Zeit am falschen Ort.

Hugh Lorenz

Drehscheibe

Erkenntnis:

Was häufig unterschätzt wird: Messestände sind perfekte Drehscheiben der Kommunikation - sie holen Meinungen ein und verbreiten solche, und zwar in einer Intensität und Authentizität, wie sie ähnlich nur das ruhige und direkte Gespräch z.B. des Außendienstes mit der Kundin, mit dem Kunden sichert.

Unschlagbar ist die Funktion eines gut organisierten Messestands und seines hochtrainierten Teams in der Rolle von Meinungsmultiplikatoren auf engstem Raum, in kürzester Zeit und mit größtmöglicher Kontaktquote pro Stunde.

Benötigt ein Unternehmen, eine Institution für längerfristige Entscheidungen dringend aktuellen Feedback zu bestimmten Fragen ihres Angebots, erfüllt das Beschicken der richtigen Messe zum richtigen Zeitpunkt die Funktion eines ausgelagerten Meinungsforschungsinstituts.

Konsequenz

Wiederum präzise eingebettet in die gesamte mittel- und langfristige Marketingplanung, gilt es zu erörtern, welche Informationen von welchen Märkten durch das Messestandsteam, sozusagen „als Ohr am Markt“, eingeholt werden sollen und welche Informationen gezielt durch das Messestandsteam wann du wo, sozusagen als Sprachrohr des Unternehmens oder der Institution, verbreitet werden sollen.

Hierbei ist besonders das Stichwort *Supervision* zu beachten, da nur sofortige, allabendliche Auswertung der Gesamteindrücke deren Authentizität garantiert und das Team für den Folgetag auf eine weitere gemeinsame Taktik einstimmen kann - die Drehscheibe Messestand präsentiert sich dadurch im hellwachen und für die gesamte Marketingabteilung und die Unternehmensleitung ergiebigsten Zustand!

Timing

Erkenntnis:

Mit Sicherheit planen die Marketingabteilungen der Unternehmen präzise den Zeitpunkt, zu dem eine Innovation, eine neues oder verbessertes Produkt, eine neue oder verbesserte Dienstleistung offiziell präsentiert werden.

Ein „zu früh“ kann hier gefährlich werden. Denn mögliche sofortige Bestellungen z.B. eines optimierten Produktes kann dazu führen, dass die Lagerbestände der momentan Version verrotten oder auf anderen Märkten verschleudert werden muss, weil sie nicht mehr nachgefragt wird.

Andrerseits kann ein verspäteter Markteintritt der Konkurrenz Tür und Tor öffnen, ihrerseits mit einer vergleichbaren Innovation oder einer vergleichbaren Dienstleistung den Achtungseffekt auf sich zu lenken und das eigene Unternehmen letztlich als Trittbrettfahrer erscheinen lassen.

Des weiteren richtet sich das Timing einer Teilnahme entscheidend nach den Aspekten, die unter *Drehscheibe* behandelt wurden: Zu welchem Zeitpunkt werden aus welchem Markt welche Informationen benötigt und / oder müssen solche gestreut werden?

Konsequenz

Diese Marketingfachleuten durchaus geläufigen Gedankengänge müssen dazu führen, dem im Grunde überaus flexiblen Instrument Messe auch im Zeitplan der kurz-, mittel- und langfristigen Planung den gebührenden Platz einzuräumen.

Denn merke: Nur frühzeitiges Buchen eines Messestandes garantiert einen optimalen Standort in den Messehallen und die beste Möglichkeit zu Preisverhandlungen, da die Messeanbieter sich dann noch nicht immer sicher sind, alle Stände zum maximalen Preis verkaufen zu können.

Was wiederum eine optimale Kostenplanung ermöglicht - der frühe Vogel fängt den Wurm, die frühe Planung reduziert Kosten!

Verbrauchermessen (1)

Erkenntnis:

Nicht selten unterschätzt wird die Präsenz eines Unternehmens, einer Marke auf den vielfältigen Verbrauchermessen.

Eine Teilnahme an einer regionalen Messe kann einem Unternehmen Informationen zukommen lassen, die es ansonsten nur aus zweiter oder dritter Hand und dann nicht selten individuell gefärbt erhält, nämlich direkt vom Endverbraucher.

Die Forschungsabteilungen, die Entwicklungsabteilungen, ja sogar die Verkaufsabteilungen profitieren von den Ergebnissen direkter Kontakte mit EndverbraucherInnen, sofern diese Gespräche entsprechend qualifiziert festgehalten und ausgewertet werden (s. unter „Supervision“ und „Drehscheibe“).

Das schlagendste Argument für eine Teilnahme kompetenter Mitglieder des Vertriebsteams des Produzenten oder Anbieters einer Dienstleistung sozusagen in Eigenregie auf einer Verbrauchermesse ist die Entwicklung bzw. Optimierung der Verkaufsargumentation:

Es mögen noch so viele auf den ersten Blick clevere Argumentationen für das eigene Angebot in den eigenen vier Wänden oder in denen der Werbeagenturen entwickelt worden sein, was letztlich zählt, ist die Durchschlagskraft, die Zugkraft, die Akzeptanz solcher Verkaufsargumente beim Endverbraucher - aus der Praxis, für die Praxis!

Konsequenz

Das Instrument „Teilnahme auf Endverbrauchermessen“ sollte ein Muss werden, spätestens bevor ein neues Produkt, eine neue Dienstleistung in die Endphase des Markteintritts gelangen, ja, im Idealfall bereits in der frühen Planungsphase einer Innovation.

Denn geschickten und erfahrenen Verkaufsprofis gelingt es nur im direkten Gespräch mit all jenen, die letztlich für ein neues Produkt, für eine neue Dienstleistung oft tief in die Tasche greifen sollen, zu erfahren, welche Argumente sie für ein solches Produkt, eine solche Dienstleistung überzeugen.

Dazu ist es auch wichtig herauszufinden, was umgekehrt am bestehenden Produkt, an der bestehenden Dienstleistung vom Endverbraucher *kritisiert, bemängelt* wird.

Anregungen zur Produktoptimierung kommen in aller Regel wesentlich qualifizierter aus Gesprächen über die Praxis der Anwenderinnen und Anwender mit dem Produkt, der Dienstleistung, als aus den eigenen Entwicklungsabteilungen!

Wann und auf welchen Regionalmessen es erforderlich scheinen kann, sozusagen „die Fühler direkt in den Markt auszustrecken“, zeigt eine präzise Analyse der demographischen Daten der jeweiligen Region.

Diese werden in der Regel sowohl von der **AUMA** (Ausstellungs- und Messeausschuss der Deutschen Wirtschaft e.V. Berlin) geliefert, als auch direkt von den regionalen Messegesellschaften.

Verbrauchermessen (2)

Erkenntnis:

Jede Kette ist so stark wie ihr schwächstes Glied - ist ein Unternehmen auf Wiederverkäufer angewiesen, sind diese bei deren jeweiligen Messeauftritten auf Verbrauchermessen zu stärken, weil sie den direkten Marktzugang für ein Produkt, eine Dienstleistung erst ermöglichen und dauerhaft erhalten können, das Image eines Produzenten, eines Anbieters einer Dienstleistung dauerhaft festigen oder aber - im Falle eines inneren Verabschiedens von der Marke - dauerhaft schädigen können.

Das Engagement zum Beispiel des regionalen Bettenfachhändlers auf der regionalen Verbrauchermesse steigert sich um ein vielfaches, wenn der Hersteller der angebotenen Produkte den Fachhändler im Vorfeld der Messe und im Umfeld der Messe unterstützt, ja eventuell sogar „hofiert" - denn das am Messestand des Wiederverkäufers geführte Verkaufsgespräch ist immer auch ein Verkaufsgespräch in eigener Sache für den Produzenten!

Der Einzelhandel ist das Gespräch im Ladengeschäft gewohnt, an die in Jahren eingefahrenen Rituale und äußeren Umstände, die sich jedoch auf einer Messe ganz anderes darstellen (s. z.B. beim Stichwort *Marktatmosphäre").*

Für den regionalen Fachhändler, die regionale Repräsentanz stellt die Teilnahme an (s)einer Regionalmesse manchmal geradezu ein Muss dar, aber zugleich einen vergleichsweise enorm hohen Kostenaufwand.

Konsequenz

Produzenten und Anbieter überregionaler Dienstleistungen, die regional, also vor Ort, auf die Schlagkraft ihrer jeweiligen Wiederverkäufer angewiesen sind, müssen diese so stärken, als wären es eigene Vertriebsabteilungen im Outsourcing!

1 Euro Investition in die Stärkung des regionalen Vertriebskanals investiert, ist nicht selten soviel wert wie 10 Euro, die in ihrer Effizienz und Wirksamkeit in kaum nachprüfbare überregionale Werbemaßnahmen gesteckt werden.

Was bedeutet, dass dieselbe Intensität und Konsequenz der Vorbereitung einer Messeteilnahme, die *intern* für die Teilnahme an überregionalen Messen aufgewandt wird, auch den *regionalen* Repräsentanten zugute kommen sollte.

Eine Einladung, die an ein, zwei Personen, die als Vertreter der regionalen Repräsentanz zum Beispiel an einer internen Schulung zum Thema „Auftritt am Messestand" in der Zentrale des Produzenten, des Anbieters einer Dienstleistung teilnehmen können, bringt zudem den Effekt der engeren Bindung des Vertriebspartners, der offen gezeigten Akzeptanz und Wichtigkeit seiner Position.

Schon alleine die Sensibilisierung der regionalen Vertriebspartnerinnen und Vertriebspartner für die Wertigkeit einer Messeteilnahme, wie sie im Vorwort zu dieser Arbeit erfolgte (z.B. Kostenrechnung) wird dazu führen, dass Unterstützung vom „großen Bruder" Produzent/einer Dienstleistung dankend angenommen wird - aus regionalen Einzelkämpfern werden so in die eigene Unternehmensphilosophie und -strategie freudig integrierte wirkliche *Partner* im Sinne des Wortes.

Es gilt nämlich nach wie vor im Wirtschaftsleben: *Global denken, regional handeln!*

Zwischenbilanz und Ausblick

Verbrauchermessen als Marketinginstrument werden häufig unterschätzt.

Auch das Timing, wann wo und ggf. mit wem als Partner ein Messeauftritt geplant werden kann oder gar sollte, bedarf eines besonnenen Umgangs mit den verschiedenen Instrumenten des Marketing.

Da das letzte Glied in der Kette vom Produzenten zum Endverbraucher in aller Regel regionale Anlaufstellen sind, hat eine professionelle Marketingplanung im Rahmen des Marketinginstruments Messe diese zu hofieren, die Kontakte zu pflegen und sie bei deren meist aus eigener Tasche finanzierten Messeauftritten mit maximalem Aufwand zu stärken.

Nicht selten wurde nämlich ein regional starkes Unternehmen gerade auf einer Messe von einem konkurrierenden Anbieter abgeworben - was nicht der Fall sein wird, wenn die Bindung an den jeweiligen Partner, wie in einer guten Ehe, das Angebot zum Fremdgehen aufgrund einer hervorragenden Partnerschaft nur mit einem Lächeln quittiert...

Tabulose Messebilanzen

Erkenntnis

„Manöverkritik“ nennen es die Militärs, dieses Zusammensitzen und Bilanzen ziehen aus dem, was sich im Manöver so abspielte. Selbst Pazifisten haben das als wichtige Maßnahme erkannt, um, in diesem speziellen Falle, Bilanz zu ziehen nach einer Teilnahme an einer Messe.

Die daraus gezogenen Schlussfolgerungen sind vielgestaltig und liefern essentielle Informationen für so gut wie alle Abteilungen im Haus, von der Entwicklungsabteilung über die Produktion, den Kundendienst bis zur Telefonzentrale, die ja als interne Drehscheibe der Kommunikation eine meist unterschätzte Rolle spielt.

Es ist wie nach einem romantischen Rendezvous: Längerfristig bleibt dem verliebten Rosenkavalier die Nähe zur potentiellen Braut nur erhalten, wenn er kluge Schlussfolgerungen aus der ersten Begegnung mit der Angebeteten zieht - und genau so ist es mit der wichtigen Nachbearbeitung eines Messeauftritts!

Konsequenz

Das schonungslose Bilanzieren von Aufwand und Ertrag, an Zahlen aus der Buchhaltung gemessen und mit den Kennzahlen aus der Marketingabteilung (mittelfristig) verglichen (Schwachstellen und Stärken in der Präsentation am Stand und Schwachstellen und Stärken der Standkonzeption, Schwachstellen und Stärken des eingesetzten Messestandsteams) ist ein Muss, um zukünftige Messeteilnahmen zu rechtfertigen, zu planen und mit Fakten zu unterlegen.

Henry Ford soll einmal gesagt haben: *„Aus meinen Misserfolgen habe ich mehr gelernt als aus meinen Erfolgen!"*.

Nun muss eine Messe ja nicht im Ganzen als Misserfolg gewertet werden (vor allem kann sie das gar nicht, wenn vorher dieser Ratgeber bei der Vorbereitung half!). Aber selbst kleine Schwachstellen müssen aufgelistet werden.

Da dabei auch persönliche Aspekte im Rahmen der Besprechungen zu Fragen des Messestandsteams und seiner Arbeit eine Rolle spielen, erfordert es Fingerspitzengefühl von den Damen und Herren, die eine solche Bilanz organisieren. Verletzlichkeiten und Eitelkeiten sind dabei ebenso zu berücksichtigen wie notwendige Anerkennung und längerfristige Motivation.

All diese Ergebnisse sollten in einer Aktennotiz oder einem Protokoll dokumentiert werden, um jederzeit später als Grundlage weiterer Planungen beigezogen werden zu können.

Denn in Zeiten hoher Personalfluktation wäre es ein Unding, jedes Mal das Rad neu zu erfinden, wenn jemand anderes die Führungsposition übernimmt, die beispielsweise die jetzige Teamleiterin oder der jetzige Teamleiter innehat.

Das Sahnehäubchen einer optimalen Messebilanz ist jedoch ein kurz und bündig gehaltenes, aber informatives Dokument für alle Mitarbeiterinnen und Mitarbeiter des Hauses, aus dem hervorgeht, dass sich die Mühen aller Beteiligten im Rahmen einer konzertierten Aktion zur Messevorbereitung gelohnt haben - und warum!

Kräftehaushalt

Viel Kraft, Energie und Engagement wird in den Messeauftritt investiert, wenn es um das Wie, das Was und das Wo geht.

Dabei wird aber häufig übersehen, dass gerade hier, auf engstem Raum und unter extremster Belastungssituation hinsichtlich der erforderlichen Konzentration und der erforderlichen Präsenz des Messestandsteams, der Faktor Mensch als schwächstes Glied in der Kette zu sehen ist.

Eheprobleme, gesundheitliche Probleme, finanzielle Probleme, Unstimmigkeiten innerhalb des Kollegenteams und am Arbeitsplatz allgemein, die persönliche physische Konstitution - all das wird nicht in der Garderobe des Messestands an den Haken gehängt, sondern begleitet das Messeteam durch die gesamte Dauer des Messeauftritts und vor allem so hautnah, wie dies in den Büros oder Werkhallen nicht der Fall ist.

Im Rahmen der Einstimmung des Messestandsteams auf den Messeauftritt, im Rahmen des Trainings hierzu und in der gesamten Vorbereitungsphase ist daher auch den energetischen Faktoren am Stand Rechnung zu tragen, ja, dem gesamten Kräftehaushalt.

Anzuraten ist deshalb, dem Messestandsteam, wie einer Fußballmannschaft vor dem Spiel, auch das nötige Rüstzeug für den optimalen Kräfteeinsatz „auf dem Spielfeld“ mitzugeben.

Burnoutkandidatinnen und -kandidaten erleben nicht selten auf Messen ihr „Waterloo“, weil sich ein geschwächter Kräftehaushalt hier vor niemandem verstecken lässt.

Um ein Team der Standbesatzung bei der Messevorbereitung abgerundet und optimal zu trainieren, ist das Ansprechen auch dieses Themas ein Muss.

Arbeitsbögen

Aus der Praxis für die Praxis

Sie finden hier in Form von sogenannten „*Arbeitsbögen*" eine Reihe von Stichworten und Anregungen für die Periode der Messevor- und der Messenachbearbeitung, die gegebenenfalls auch durch die Beiziehung eines externes Beratungsunternehmen zu vertiefen sind.

Auch ohne externe Unterstützung kann mit diesen Arbeitsbögen eine interne Schulung, ein unternehmensinternes Training zur Vorbereitung eines Einsatzes des Messestandsteams erfolgen - aus der Praxis für die Praxis erstellt und copyrightfrei!

Standkonzeption

Hier eine kurze Checkliste mit Überlegungen vor der Planung des Standes einer Messeteilnahme:

- Wie stellen wir uns den idealen Ablauf eines Gesprächs mit Besucherinnen am Messestand vor - inhaltlich und im räumlichen Kontext, also wo beginnend, wo endend, welche Wege werden im Rahmen eines Besuchergesprächs zurückgelegt, von wo nach wo genau?
- Welche Exponate, Schautafeln, Unterlagen usw. in welchen Dimensionen sind dabei unverzichtbar?
- Gibt es Prioritäten bei der Präsentation von Exponaten, wenn ja, welche?
- Wieviel Freiraum (in m^2) benötigen diese Exponate jeweils und wo (vorne, seitlich, vorne, hinten und seitlich)?
- Werden diese Exponate im Gespräch jeweils von ein und derselben Person erklärt oder erfolgt sozusagen eine „Übergabe" der GesprächspartnerInnen an Kolleginnen, wie bei einem Staffellauf?
- Daraus folgt die Frage: Wieviel Personen sollten jeweils mindestens am Stand anwesend sein und wo positionieren sie sich?
- Was steht dabei eventuell „im Weg", was stört (Stützen, Pfeiler, Stühle, Sitzgruppen etc.)?
- An welchen Stellen muss Printmaterial oder kleine Muster etc. auf dem Messestand greifbar sein, um dem Standteam lange Wege zu ersparen?
- An welchen Stellen können und sollen deutlich lesbare Informationen angebracht sein, die sowohl dem Standteam als „Spickzettel" dienen können, um beim Gespräch keinen wichtigen Punkt zu übersehen, als auch als Zusammenfassung des Angebots für Dritte?

- An welchen Stellen sind die Ruhe- und Gesprächsplätze zu positionieren, um den Ablauf des restlichen Standgeschehens nicht zu stören?
- Wie sind die Wege zwischen z.B. Kaffeeautomaten/ -maschinen und Ruheplätzen zu organisieren, um Gespräche nicht unnötig lange unterbrechen zu müssen?
- Hilft akustischer Hintergrund-z.B. leise Musik, falls ja, welche wird als beruhigend empfunden?-oder wirkt er störend?
- An welchen Stellen im Messestand sind welche Anlaufpunkte für Besucherinnen einzurichten, für die momentan kein Mitglied des Messestandsteam Zeit für ein Gespräche erübrigen kann (Selbstinformation)?
- Wie sind diese „Selbstinformationspunkte“ effizient und interessant zu gestalten, um die Wartezeit für ein persönliches Gespräch zu überbrücken?
- Gibt es multimediale Hilfsmittel, die diese Aufgabe übernehmen können?

Diese Liste erhebt keinen Anspruch auf Vollständigkeit, bietet aber einen Einblick in die Vorgehensweise professioneller Beraterinnen und Berater bei der Planung von Messeteilnahmen (s. Anhang).

Gesprächstraining

Eine Messeteilnahme ist für jede Vertriebs- und Verkaufschefin, für jeden Vertriebs- oder Verkaufschef *die* Gelegenheit, die rhetorischen und verkäuferischen Fähigkeiten der eigenen Frau- und Mannschaft in der direkten Gesprächsführung zu optimieren!

Werden bei einer Messeteilnahme auch Damen und Herren aus anderen Abteilungen als Vertrieb und Verkauf beigezogen, z.B. der Buchhaltung, der Logistik oder dem Einkauf, empfiehlt sich ein solches Training in jedem Falle, denn im Rahmen einer direkten Konfrontation im Gespräch von Mensch zu Mensch gelten andere Regeln, als zum Beispiel am Telefon.

Hier eine kurze Checkliste der Punkte, die ein solches Messestandstraining beinhalten sollte (s. auch unter dem Kapitel *Vor Ort*):

- Erstellen einer Liste, welche Art von wichtigen BesucherInnen während der Messe am Stand erscheinen könnten, ob eingeladen oder möglicherweise unerwartet erscheinend
- Resultierend aus dieser Liste eine Liste mit Zielvorgaben für die jeweilige Gesprächsführung: Das Gespräch mit dem Bürgermeister unterscheidet sich vom Gespräch mit einem potentiellen Neukunden, das Gespräch mit einem Lieferanten hat anders zu verlaufen als das Gespräch mit dem pensionierten Oberlehrer, der nebenbei für die örtliche Zeitung zehn Zeilen über den Messeevent schreiben darf
- Im Gesprächstraining muss eine Liste der kritischen Punkte erarbeitet werden, die erwartungsgemäß von Besu-cherInnen angesprochen werden könnten (hierzu zählen z.B. Vorfälle in der Firma, die durch die Presse gingen, häufige Reklamationen, offiziell gewordene Wechsel in der Geschäftsleitung usw.)
- Die klare Beantwortung solcher Fragen muss geübt werden, im

Idealfall mit einer identischen Wortwahl durch alle Teammitglieder

- Erarbeitet werden muss auch eine Prioritätenliste der Ziele, die im Gespräch mit BesucherInnen erreicht / abgearbeitet werden sollte
- Gemäß der römischen Erfolgsregel „*Wer fragt, führt!*“ ist ein Fragenkatalog für die jeweilige Zielgruppe zu erarbeiten, der gleichsam als Kompass durch die Gespräche führt, was wiederum dem Messestandsteam die Arbeit erleichtert-peinlichen Gesprächspausen!- und den BesucherInnen den klaren Eindruck vermittelt, sie stehen im Mittelpunkt (was ja hoffentlich auch der Fall ist!)

Diese Liste erhebt keinen Anspruch auf Vollständigkeit, bietet aber einen Einblick in die Vorgehensweise professioneller Beraterinnen und Berater bei der Planung von Messeteilnahmen (s. Anhang).

Das Sekretariat in der Planungsphase

So, wie hinter jedem großen Mann eine große Frau steht, steht hinter jedem gelungenen Messeauftritt ein großes Sekretariat!

Ein Erfahrungswert - aus der Praxis, für die Praxis! - zeigt, dass es klug ist, die organisatorischen Fäden einer Messeplanung an einer Stelle, sozusagen in einer Hand, zusammenlaufen zu lassen.

Sinnvoll wäre dieses Sekretariat in der PR- oder Marketingabteilung positioniert, da es ja letztlich um die Außendarstellung des Unternehmens oder der Institution geht.

Nicht anzuraten ist, die sehr komplexen Aufgaben der Vorbereitung (und Nachbearbeitung!) einer Messeteilnahme zusätzlich vielleicht schon ohnehin überlastetem Personal aufzubürden.

Die Möglichkeit einer Freistellung einer Fachkraft für die überschaubare Dauer der Messeteilnahmenvorbereitung ist dringend anzuraten!

Dieses Sekretariat - das durchaus für die Dauer der Messeteilnahmenvorbereitung ein temporäreres sein kann, aber von einer Person geleitet werden muss, die über Internas des Unternehmens bestens Bescheid weiß, also in keinem Fall eine Aushilfe! - koordiniert alle internen und externen Aktivitäten der Messevorbereitung, allsda wären u.a.

- Vollumfängliche Planung der notwendigen Vorbesprechungen, Konferenzen und Traingssitzungen
- Abarbeiten der Punkte, die sich aus den Pflichtenheften als Resultat dieser Aktivitäten ergeben
- Erstellen der Listen potentiell einzuladender BesucherInnen, eingeteilt in entsprechende Kategorien: KundInnen, potentielle KundInnen, ehemalige (zur Konkurrenz gewechselt habende?) KundInnen, Geschäftsfreunde, Lieferanten, Meinungs-

multiplikatoren wie JournalistInnen, usw.

- Abtelefonieren dieser Liste spätestens drei Tage vor dem Messebeginn
- Versenden der durch die Marketingabteilung vorbereiteten Pressemappen an die Regional- und die überregionale Fachpresse und nachtelefonieren, ob diese Mappen die Zielperson erreicht haben
- Erstellen einer Liste mit Zusagen, deren Kopieren für jedes Mitglied des Messestandsteams, das sich dadurch speziell auf jede/n Besucher/in vorbereiten kann
- Erstellen / Bereitstellen einer Liste, in die das Messeteam nach jedem Gespräch einträgt, wer den Stand besucht hat
- Kauf eines schmalen, aber edlen Gästebuchs, in das einzutragen jeder Besucher der Messeteilnahme gebeten wird - jede/r fühlt sich geschmeichelt und kaum jemand wird schreiben „*...Ich kam ja nur, weil zuhause meine Schwiegermutter zu Besuch ist und ich eine Ausrede zum Ausbüchsen brauchte. Interessieren tut mich ihr Produkt nicht die Bohne...!*“)

u.v.a.

Diese Liste erhebt keinen Anspruch auf Vollständigkeit, bietet aber einen Einblick in die Vorgehensweise professioneller Beraterinnen und Berater bei der Planung von Messeteilnahmen (s. Anhang).

Das Sekretariat in der Nachbearbeitungsphase

„Die Leichen werden nach dem Krieg gezählt!“ soll Napoleon gesagt haben. So hält es auch das Sekretariat, das sich mit der Vorbereitung des Messeevents beschäftigt hat und im Anschluss daran Bilanz zieht.

Hier ein Auszug aus der Liste der zu erledigenden Aufgaben (die allerdings mit der Marketingabteilung geteilt werden sollten):

- Nachtelefonieren bei allen BesucherInnen, die auf der Liste als anwesend aufgeführt sind – bedanken, die Eindrücke abfragen etc.
- Erstellen eines Feedback-Protokolls, in dem wesentliche Inhalte aus diesen Telefonaten enthalten sind
- Versenden eines von der Marketingabteilung erstellten Dankeschön-Schreibens an die BesucherInnen
- Beobachten und Sammeln der Presseberichte über die Messeteilnahme, Nachfrage bei den JournalistInnen, ob Informationen fehlen oder was der Grund ist, dass (noch) nicht berichtet wurde
- Organisation eines kleinen Imbisses im Hause als Dank an alle, die im Vorfeld und Umfeld zur gelungenen Messeteilnahme beitrugen

u.v.a.

Diese Liste erhebt keinen Anspruch auf Vollständigkeit, bietet aber einen Einblick in die Vorgehensweise professioneller Beraterinnen und Berater bei der Planung von Messeteilnahmen (s. Anhang).

Raum für Ihre Notizen:

Über den Autor

Peter Kenkel wurde 1979 in Vechta im Oldenburger Münsterland

geboren.

Nach der Mittleren Reife, einer Lehre als Einzelhandelskaufmann und spannenden Jahren in Vertrieb und Verkauf wechselte er in die Industrie als Verkaufsleiter im Bereich Möbel mit Schwerpunkt Büromöbel und entdeckte dort sein Gespür für den engen Zusammenhang zwischen seelischem Wohlbefinden am Arbeitsplatz und einer entsprechend ästhetischen, stimulierenden Umgebung.

Durch den Kauf eines bestehenden Handwerksbetriebes (Peter Kenkel GmbH) eröffnete sich für ihn 2007 die Möglichkeit, diese Erfahrungen in eigene Möbelkreationen einfließen zu lassen und durch die positive Mitgestaltung von Arbeitsräumen Menschen in der Arbeitswelt mehr Lebensqualität zu vermitteln.

Selbstredend waren zur Aufrechterhaltung eines höchstmöglichen Know how in allen unternehmensrelevanten Bereichen berufliche Weiterbildungen Bestandteil seines Arbeitsalltags.

Seit 2001 ist er auch als Geschäftsführer eines mittelständischen Unternehmens der Stahlbaubranche im Raum Vechta tätig, denn Stahl in seiner veredelten Form prägt entscheidend den größten Teil seiner Möbelkreationen.

Andere Publikationen von Peter Kenkel Medien

Im Wettbewerb bestehen - Navigationshilfen für Vertrieb und Verkauf in turbulenten Märkten

Gibt es international und für alle Unternehmen gültige Erfolgsparameter? Welche Erkenntnisse sichern das Überleben eines Unternehmens, einer Institution in turbulenten Märkten? Und welche Konsequenzen müssen zu Zeiten gnadenlosen Wettbewerbs daraus gezogen werden?

Dieser Ratgeber analysiert — aus der Praxis für die Praxis — die wesentlichen Denkschritte, die jede verantwortliche Unternehmensleitung und jede verantwortliche Führungskraft für das eigene Unternehmen nachvollziehen sollte.

Die im Anhang eingefügten Analysen zu Gesellschaft und Zeitgeist ergänzen den Denkprozess, der besonders mittelständischen Unternehmen und deren Belegschaft das Rüstzeug für den alltäglichen Kampf um das im Wettbewerb bestehen vermittelt.

ISBN 978-3-944419-01-5

Fair beraten, gekonnt verkaufen - 21 Stichworte zum Kundenkontakt

Das Verkaufsgespräch ist das Nadelöhr, durch das Umsatz und damit Gewinn eines jeden Unternehmens geschleust werden. Toptrainierte Verkaufsteams wissen um die Bedeutung dieser kleinsten, aber wichtigsten Einheit für das Überleben ihrer Firma und messen der permanenten Schulung optimaler Gesprächsführung die entsprechend hohe Bedeutung zu.

Dieser Ratgeber analysiert — aus der Praxis für die Praxis — die wichtigsten wesentlichen Bausteine fairer und gekonnt geführter Verkaufsgespräche. Die im Anhang eingefügten *Arbeitsbögen* ermöglichen eine zielorientierte, unternehmensinterne Schulung mit den eigenen Produkten und Dienstleistungen.

ISBN 978-3-944419-03-9